FICHA CATALOGRÁFICA

(Preparada na Editora)

Xavier, Francisco Cândido, 1910-2002.

X19t   *Trilha de Luz* / Francisco Cândido Xavier, Espírito de Emmanuel. Araras, SP, 3ª edição, IDE, 2018.

144 p.

ISBN 978-85-7341-726-5

1. Espiritismo 2. Psicografia - Mensagens I. Emmanuel. II. Título.

CDD -133.9
-133.91

Índices para catálogo sistemático:

1. Espiritismo 133.9
2. Psicografia: Mensagens: Espiritismo 133.91

TRILHA DE LUZ

ISBN 978-85-7341-726-5
3ª edição - maio/2018
1ª reimpressão - agosto/2019

Copyright © 1990,
Instituto de Difusão Espírita - IDE

Conselho Editorial:
Doralice Scanavini Volk
Wilson Frungilo Júnior

Produção Cultural:
Jairo Lorenzeti

Capa:
César França de Oliveira

Diagramação:
Maria Isabel Estéfano Rissi

INSTITUTO DE DIFUSÃO ESPÍRITA - IDE
Av. Otto Barreto, 1067
CEP 13602-060 - Araras/SP - Brasil
Fone (19) 3543-2400
CNPJ 44.220.101/0001-43
Inscrição Estadual 182.010.405.118
www.ideeditora.com.br
editorial@ideeditora.com.br

Todos os direitos reservados. Nenhuma parte desta publicação pode ser reproduzida, armazenada ou transmitida, total ou parcialmente, por quaisquer métodos ou processos, sem autorização do detentor do copyright.

Mensagens e meditações de
EMMANUEL

TRILHA DE LUZ

Através do médium
CHICO XAVIER

ide

Sumário

Na Trilha da Luz, Emmanuel 9

Renovação 15
O problema da igualdade 21
No Espiritismo com Jesus 27
Muito se pedirá 35
Lembra-te 41
Música 47
Lábios 53
Meia-noite 59
Reunamo-nos 65
Simplicidade 71
Sejamos bons 77
Página do irmão mais velho 83
Protestos verbais 91
Ciência e religião 97
Oração ante a ciência 103
Orai pelos que vos perseguem 109
Más rogativas 115
Legítima defesa 121
Inconveniências 127
Jovens e adultos 133

Na trilha da luz

Sempre que nos extraviamos dos caminhos do bem, indiscutivelmente a bússola nos auxiliará a solucionar os problemas de rumo, mas somente a luz nos doará os pormenores da estrada que nos cabe percorrer.

A alma humana, de modo geral, até agora é um complexo de luz e sombra e, por mais nos desinteressemos de semelhante realidade, a evolução e o aprimoramento nos exigem a ampliação da luz, em nosso mundo íntimo, a fim de que o discernimento e a compreensão sigam conosco, caminho adiante, clareando-nos os domínios do instinto e da razão, induzindo-nos às decisões certas, capazes de garantir-nos a paz de consciência.

Que significará a queda em tentação senão a ausência de iluminação na vida interior, suscetível de atirar-nos à perturbação, ao desequilíbrio, aos hábitos infelizes, à discórdia e, até mesmo ao ódio moral?

Quando o nosso íntimo se acha às escuras, eis-nos expostos aos perigos da impaciência e da irritação, dos choques e dos acidentes imprevisíveis.

Este livro tem a pretensão de ser uma simples série de degraus, desafiando-nos à elevação.

Não foi escrito para endereços individuais, mas para nós todos, os espíritos encarnados e desencarnados, que nos reconhecemos ainda imperfeitos para a Vida Superior.

Cada capítulo é um degrau superior e

não é necessário que outrem nos aponte as minudências em que venhamos a falhar, porque a luz que adquirimos é suficiente para que o autoexame nos faça ver a realidade por nós mesmos.

Assim, pois, aclaremos a própria alma e que Jesus nos inspire e nos abençoe.

Emmanuel

Renovação

> *Somos, em verdade,
> seguidos pela influência que aliciamos,
> como quem apenas recolhe da gleba
> plantada aquilo que semeou.*

Em nosso renascimento na Terra, entrelaçamo-nos, como é justo, sob a influência de quantos se acumpliciaram conosco na criminalidade ou na sombra, quase sempre erguidos à posição de inexoráveis credores de nossa vida, exigindo-nos pagamento ou reparação.

E, como enxameiam em nosso pretérito próximo ou remoto gravames deploráveis e contas obscuras que nos compete apagar ou ressarcir, na maioria das circunstâncias, a atuação dessa natureza é deprimente e perturbadora, muita vez constrangendo-nos a incidir nos mesmos erros que nos tisnam as consciências e nos dilaceram os corações.

É por isso que, durante a viagem na esfera física, somos habitualmente assaltados por aflitivas surpresas do plano oculto, em qualquer idade e em toda situação.

Há quem se veja enrodilhado nas suas malhas esfogueantes, em plena juventude corpórea, quem lhe conheça o sabor amargo no matrimônio, quem lhe experimente o impacto de angústia nas mais nobres tarefas do lar, quem lhe sinta a presença na esfera da profissão e quem lhe receba a nuvem desnorteante na hora da madureza ou da senectude, em dolorosas inquietações.

Para todos os problemas desse jaez, entretanto, é preciso reconhecer que só o bem puro e espontâneo é remédio justo e eficaz.

Somos, em verdade, seguidos pela influência que aliciamos, como quem apenas recolhe da gleba plantada aquilo que semeou.

E, assim como apenas a lances de suor e

trabalho digno, preservaremos a lavoura de nosso compromisso contra a hera que lhe sufoca os rebentos ou contra os vermes que lhe devoram as flores, somente ao preço de perdão e renúncia, amor e desinteresse, por vezes com o sacrifício de nossa própria felicidade, é que operaremos em nossos associados da sombra de ontem a necessária renovação, para que a liberdade nos favoreça na reconquista da Luz.

O problema da igualdade

> *Aprendamos a respeitar o próximo e auxiliá-lo, na convicção de que amparando os nossos irmãos de caminho, auxiliaremos a nós mesmos...*

A igualdade, sem dúvida, é realidade nas raízes da existência.

Todos os seres possuem direitos idênticos de acesso à elevação, sob qualquer prisma, entretanto, é preciso considerar que os deveres graduam as vantagens, dentro da vida.

No caminho da evolução, desse modo, a teoria igualitária absoluta é invariável utopia que nenhum sistema político poderá materializar.

A experiência e o esforço pessoal são as duas alavancas da diferenciação a cuja influência decisiva não conseguiremos fugir.

Mas, se é verdade que não podemos improvisar a ancianidade do Espírito, que só o tempo confere a cada criatura, na jornada para a maturação, o trabalho é sempre a riqueza real, suscetível de ser ampliada em nosso destino, ao preço de nossa boa vontade.

Assim sendo, não te esqueças das oportunidades que a Divina Providência te oferece cada dia, em favor do teu crescimento.

Os degraus da subida de nossa alma no rumo da perfeição destacam-se, hora a hora, através das situações e das pessoas que nos rodeiam.

Não residem nas facilidades que nos acomodam o coração com as linhas inferiores do mundo. Salientam-se nos obstáculos com que somos defrontados.

Cada problema e cada aflição, cada prova mais rude e cada luta mais árdua, representam pontos vivos de ascensão que podemos aproveitar, em favor do próprio aprimoramento.

Aprendamos a respeitar o próximo e auxiliá-lo, na convicção de que amparando os nossos irmãos de caminho, auxiliaremos a nós mesmos, de vez que adquiriremos o tesouro da experiência, que nos enriquecerá de visão para os cimos que nos cabe alcançar.

Cada fonte vive em seu nível.

Cada projeção de luz caracteriza-se por determinado potencial de radiação.

Cada flor guarda o perfume que lhe é próprio.

Cada árvore produz segundo a espécie a que se subordina.

Cada Espírito respira na esfera que elege para clima ideal da própria existência...

Compete-nos buscar a posição de superioridade que Jesus nos oferece, aceitando o sacrifício pelo bem que a vida nos impõe, a fim de que nos façamos hoje desiguais da personalidade que ostentávamos ontem, perdendo os envoltórios pesados que ainda nos imantam à zonas escuras da Terra e tentando a sintonia com os benfeitores que nos esperam na Glória Espiritual.

No Espiritismo com Jesus

"
Acentuemos, na própria vida, a disposição de aprender e auxiliar!
"

Se acordamos para as respon- sabilidades que o Espiritismo com Jesus nos impõe, é imperioso não esquecer que ainda nos achamos na Terra encarnados e desencarnados, em vastíssima escola de preparação ante a Vida Maior.

Em seus variados departamentos, encontramos ainda a ignorância gerando a penúria, a penúria criando necessidades, as necessidades formando problemas e os problemas plasmando o desespero nos corações.

Desse estranho conjunto de forças negativas, nascem a superstição e o fetichismo, perturbando o caminho das criaturas que, apressadas e invigilantes, muitas vezes, pretendem colher a felicidade sem plantá-la e exigem a paz sem qualquer esforço para se libertarem dos prejuízos a que se acolhem.

Todavia, quanto mais se alonguem a crendice e o fanatismo, operando o extravio das consciências, mais amplo é o trabalho de cooperação que o mundo nos reclama, porquanto o Cristianismo renascente na construção espírita de hoje é a vitória das forças da luz sobre as energias ocultas da sombra.

Quando surpreendidos por qualquer espécie de culto primitivista, em desacordo com o Evangelho de Jesus, nesse ou naquele círculo religioso, procuremos auxiliar sem alarde as vítimas da fascinação, mergulhadas por enquanto em manifestações impróprias ou inferiores da fé, acentuando a própria diligência no estudo e dilatando a própria capacidade no exercício do bem.

E, se defrontados por resíduos e objetos de semelhantes manifestações, façamos silêncio no coração e sigamos adiante, porque se não é justo recolher o foco infeccioso da via pública para trazê-lo ao próprio lar e se não é crível que o homem sensato instale deliberadamente um vespeiro na própria moradia, claro está que o respeito e a higiene, a prudência e a caridade nos induzem a fugir de qualquer desafio espetaculoso aos elementos enfermiços da sombra, que apenas solicitam bondade e tolerância, compreensão e esquecimento.

Acentuemos, na própria vida, a disposição de aprender e auxiliar!

Que a ignorância encontre conosco a bênção do alfabeto.

Que a penúria receba de nossas mãos o óbulo de carinho a que faz jus.

Que as necessidades humanas nos recolham o concurso fraterno e que os problemas do mundo nos identifiquem na posição de aprendizes de Jesus, sempre dispostos a amparar e socorrer, edificar e instruir.

Que o Amor do Cristo se irradie conosco, em nós e por nós, porque amar e servir constituem a missão do bem diante do mal, sem que mudança alguma consiga alterar semelhante imperativo da vida.

Muito se pedirá

> *Façamos em torno de nós mais tolerância, mais fraternidade, mais compreensão e mais otimismo...*

Não nos esqueçamos de que Conhecimento Superior traduz responsabilidade.

Ninguém vive sem contas.

Muito se pedirá amanhã do que hoje recebes.

Nas bases da vida, moram a equanimidade e a justiça.

Não amassarás teu pão com a areia do deserto.

Não proverás teu cântaro com os detritos do charco.

Recolherás o alimento da substância que te recebe carinho e sorverás a água pura da fonte que te merece cuidado.

Não jornadeies na Terra, indiferente ou distraído, como se atravessasses um campo inútil.

Não se confia a enxada ao lavrador para a exaltação da ferrugem, nem se entrega a máquina ao operário a fim de que se louve a preguiça.

A natureza que sustenta o verme reclama-lhe serviço em favor do solo.

A indústria que tece o fio e o embeleza exige-lhe segurança e cooperação.

Se aguardamos concurso do verme e do fio, por que haverá o homem de gastar os recursos da Terra, exonerado de compromissos?

E, se o cristão recolhe os dons do Alto, clareando-se-lhe o discernimento, como não esperar dele a contribuição de amor, na sublimação da vida que o cerca?

Recebemos as possibilidades do Senhor para doá-las ao mundo em Seu Nome.

Mais esclarecimento e mais fé significam para nós mais amplas obrigações.

Informados hoje, quanto à grandeza da vida, a estender-se, triunfante, além da morte, saibamos viver no mundo de conformidade com os princípios redentores que nos felicitam a marcha.

Façamos em torno de nós mais tolerância, mais fraternidade, mais compreensão e mais otimismo, expressando em atos o tesouro de luz que nos brilha na inteligência e o nosso coração estará preparado a enfrentar o grande futuro, vitorioso e feliz, por haver entendido a tempo que muito se pedirá entre os anjos a quem muito recebeu entre as criaturas.

Lembra-te

"
*...somente a altura do amor prevalece,
na direção da felicidade imperecível.*

"

Analisando o conceito de superioridade na esfera carnal, quase sempre te demoras, desavisado, no fácil julgamento dos companheiros em prova...

E observas o usurário infeliz, confinado às garras da sovinice, entre a perturbação e a insensatez, acentuando os desvarios da posse, como se a vida pudesse esperar dele vantagens imediatas...

Recordas o condutor humano, atrabiliário e impulsivo, entre a ilusão e a loucura, nos cargos a que se junge, desesperado, à caça de poder, como se o mundo pudesse, de improviso, recolher-lhe o concurso na edificação do progresso...

Reportas-te a legisladores e juízes, a generais e sacerdotes, a tiranos e senhores da evidência terrestre, como se fossem super-homens, de cuja fulguração passageira o campo social devesse aguardar a consolidação dos valores eternos do Espírito...

Em verdade, cada criatura responderá pelos compromissos que assume, à frente da Lei, e mordomos e apóstolos da evolução planetária serão constrangidos à prestação de contas dos bens que houverem usufruído para a melhoria e iluminação do mundo, no entanto, não olvides a superioridade espiritual com o Cristo e nem te esqueças de que foste chamado por Jesus a partilhar-lhe o conhecimento Divino da paz e da justiça, do sacrifício e da tolerância fraterna.

Na orientação ou na subalternidade, na carência de recursos materiais ou na abundância deles, na cultura menos compacta ou na exaltação dos recursos intelectuais, não desdenhes servir.

Com o Divino Mestre, aprendemos que somente a altura do amor prevalece, na direção da felicidade imperecível.

Descerra, assim, a própria alma ao entendimento cristão, e caminhemos com o Senhor, aprendendo e auxiliando incessantemente.

Onde a ignorância ensombre o caminho, seja tua fé viva e operante um raio de luz que diminua a extensão das trevas...

Onde a penúria se agigante, multiplicando angústias e problemas, seja tua bondade a migalha de carinho e reconforto que atenue o sofrimento...

Lembra-te do Eterno Benfeitor na extrema renúncia e, em matéria de superioridade, não olvides, com o Evangelho, que "o maior no Reino dos Céus será sempre aquele que se fizer mais simples e mais diligente servidor na Terra."

Música

> *Não te detenhas.*

Deixa que o teu coração voe, além do horizonte, nas asas da música sublime que verte do Céu à Terra, a fim de conduzir-nos da Terra ao Céu...

Ouve-lhe os poemas de eterna beleza, em cuja exaltação da harmonia tudo é gloriosa ascensão.

Nesse arrebatamento às Esferas do Sem Fim, o silêncio será criação excelsa em tua alma, a lágrima ser-te-á soberana alegria e a dor será teu cântico.

Escuta e segue na flama do pensamento que transpõe a rota dos mundos, associando tuas preces de jubilosa esperança às cintilações das estrelas!...

Não te detenhas.

Cede à cariciosa influência da melodia que te impele à distância da sombra, para que a luz te purifique, pois a música que te eleva a emoção e te descerra a grandeza da vida significa, entre os homens, a mensagem permanente de Deus.

Lábios

> *Se procuras, porém, a união com o Senhor, repara o que dizes e como dizes, observa os afetos a que te unes e a maneira pela qual estimas a alguém.*

"Este povo honra-me com os lábios, mas o seu coração está longe de mim". – **Jesus** (Mateus, 15:8).

Com os lábios, beijam as mães da Terra as flores sublimes da vida, cooperando nas obras divinas do Eterno, mas com os lábios obedeceu Judas às vozes inferiores, entregando o Senhor com um beijo de ingratidão.

Com os lábios, os apóstolos do trabalho fazem o verbo criador nos serviços nobres do planeta; todavia, igualmente com eles, os mentirosos e os perversos espalham a maldade no mundo.

Das potências do corpo são os lábios das

mais delicadas e importantes. Portas da língua, que pode salvar e arruinar, edificar e destruir, não devem permanecer distantes de sentinelas da disciplina.

A palavra do homem é criação sua, que lhe testificará a vida. O beijo da criatura é laço que determinará sua união com o bem ou com o mal.

Os lábios dão passagem ao verbo e transmitem o beijo.

Quantos sofrimentos se espalham na Terra, através da palavra leviana ou fingida e do ósculo criminoso ou insincero? Entretanto, a maioria dos homens persiste em desconhecer o papel dos lábios na própria existência.

Se procuras, porém, a união com o Senhor, repara o que dizes e como dizes, observa os afetos a que te unes e a maneira pela qual estimas a alguém.

O grande problema não reside em falares tudo o que pensas, nem no apego às situações com todas as tuas forças, mas em falares e amares, pondo nos lábios a sinceridade construtiva do amor cristão.

Meia-noite

"

*Quem poderá contar as angústias
da noite dolorosa?...*

"

"*Era perto da meia-noite; Paulo e Silas cantavam hinos a Deus e os outros presos os escutavam.*" - (Atos, 16:25.)

Reveste-se de profundo simbolismo aquela atitude de Paulo e Silas nas trevas da prisão, quando numerosos encarcerados ali permaneciam sem esperança, eis que os herdeiros de Jesus, embora dilacerados de açoites, começavam a orar, entoando hinos de confiança.

O mundo atual, na esteira de transições angustiosas e amargas, não parece mergulhado nas sombras que precedem a meia-noite?

Conhecimentos generosos permanecem

eclipsados. Noções de justiça e direito, programas de paz e tratados de assistência mútua são relegados a plano de esquecimento.

Animais furiosos aproveitam a treva para se evadirem dos recônditos escaninhos da alma humana, onde permaneciam guardados pela cobertura da civilização, e tentam dominar as criaturas empregando o terror, a perseguição, a violência.

Quantos homens jazem no cárcere das desilusões, da amargura, do remorso, do crime? Através de caminhos desolados, ao longo de campos que as bombas devastaram, dentro de sombras frias, há mães que choram, velhos desalentados, crianças perdidas.

Quem poderá contar as angústias da noite dolorosa? Os aprendizes do Evangelho, igualmente, sofrem perseguições e calúnias e, em quase toda parte, são conduzidos a testemunhos ásperos.

Muitos envolveram-se nas nuvens pesadas, outros esconderam-se fugindo à hora de sofrimentos; mas os discípulos fiéis, esses suportam ainda açoites e pedradas e, não obstante as trevas insondáveis da meia-noite da civilização, oram nos santuários do espírito eterno e cantam cânticos de esperança, alentando os companheiros.

Enquanto raras almas sabem perceber os primeiros rubores da alvorada, em virtude da sombra extensa, recordemos os devotados obreiros do Mestre e busquemos na prece ativa o refúgio consolador. Se o mundo experimenta a tempestade, procuremos a oração e o trabalho, a fé e o otimismo, porque outro dia abençoado está a nascer, e em Jesus Cristo repousa nossa resistência espiritual.

Reunamo-nos

> *...reunamo-nos, aprendendo e auxiliando, trabalhando e servindo...*

A reunião dos companheiros de ideal e de luta foi sempre um traço fundamental do Evangelho.

Reuniu-se Jesus aos discípulos e a Boa Nova nasceu para a redenção das almas.

Reuniram-se os discípulos nas catacumbas da oração e a esperança e a solidariedade lhes traçou caminho heroico à vitória da fé.

Atualmente, o Espiritismo, que revive Jesus entre os homens, não prescinde de semelhante culto à fraternidade.

Reunamo-nos para a troca de nossas experiências, plasmando novos roteiros para a ação renovadora e santificante que nos compete, mas qual aconteceu no princípio da Divina Mensagem do Cristo, reunamo-nos, aprendendo e auxiliando, trabalhando e servindo para que, em melhorando hoje a nós mesmos, possamos esperar amanhã pela Terra melhor.

Simplicidade

"

Criamos, em nossa invigilância, certos padrões convencionais de conduta que nos impedem qualquer acesso à verdadeira luz...

"

Quando o Senhor nos exortou à pureza infantil, como sendo a condição de entrada no Plano Superior, não nos convidava à insipiência ou à incultura.

Recomendava-nos a simplicidade do coração, que se revela sempre disposto a aprender.

A rebeldia e a impermeabilidade são, quase sempre, escuros característicos daqueles que pretendem haver encontrado a última palavra em madureza espiritual.

Nossos excessos de raciocínio, em muitas ocasiões, não passam de desvarios da nossa mente, dominada por incompreensíveis cristalizações de vaidade ou de orgulho.

Criamos, em nossa invigilância, certos padrões convencionais de conduta que nos impedem qualquer acesso à verdadeira luz e, dentro deles, dormitamos à maneira de pássaros cativos que encarcerassem as próprias asas em estreitas limitações.

Contudo, quando entendemos que a vida se renova, todos os dias, e quando percebemos que todos os minutos constituem oportunidades de corrigir e aprender, auxiliar e redimir, entramos na posse da simplicidade real, suscetível de fixar em nosso íntimo, novos painéis de amor e sabedoria, paz e luz.

Guardemos o espírito de surpresa, diante do mundo e, à frente da estrada que o Alto nos destinou, convertamos a nossa ligação com o Pai Celeste, por laço essencial de nosso coração com a vida e, dessa forma, estejamos convictos de que cada instante será para nós glorioso passo no Conhecimento Superior ou na direção do Céu.

Sejamos bons

> *Por onde passamos
> há sempre alguém que espera
> um pouco de carinho a fim
> de restaurar-se.*

Não te aflijas com a perspectiva da perfeição de um dia para outro.

As tarefas redentoras desconhecem o improviso.

Ergue-se a casa, tijolo a tijolo.

Forma-se o rio, gota a gota.

Constitue-se o tecido, fio a fio.

O Mestre, por isso mesmo, não espera do discípulo prodígios de santidade, num simples momento, de vez que a virtude não é flor ilusória no jardim sublimado da alma.

Entretanto, se não podemos realizar o

aprimoramento numa hora, devemos aprender a lição da bondade, dia a dia.

Sejamos bons para com aqueles que a Divina Bondade situou em nossos próprios passos, auxiliando-os na senda de elevação.

Sejamos bons para com os que caíram na margem de nossa própria estrada, oferecendo-lhes o toque da nossa amizade ou encorajando-lhes o reerguimento com o sorriso de nossa compreensão.

Sejamos bons para com as vítimas da maldade, amparando-as sem ruído para que a maledicência emudeça e para que a calúnia imobilize as garras de treva.

Sejamos bons para com os fracos que não podem ainda caminhar sem a neurastenia, sem a queixa e sem a lágrima, sustentando-lhes o coração com os nossos braços fraternos.

Por onde passamos há sempre alguém que

espera um pouco de carinho a fim de restaurar-se.

Na harmonia da natureza, a flor estende o perfume, a ave carreia a música, a fonte desliza servindo e a árvore produz reconforto e alegria, exaltando o sol que mergulha na Terra em ondas ilimitadas de luz.

Por nossa vez, ofereçamos a bondade a quem passa por nós ou a quem respira conosco e estaremos louvando a Infinita Bondade do Pai Celestial que, em todos os ângulos da vida, nos envolve em suas Bênçãos de Amor.

Página do irmão mais velho

> *Faze de teu filho o melhor amigo se desejas um continuador para os teus ideais.*

Auxilia ao teu filho, enquanto é tempo.

A existência na Terra é a Vinha de Jesus, em que nascemos e renascemos.

Quantos olvidam seus filhinhos, a pretexto de auxílio ao próximo, e acabam por fardos pesados a toda gente!

Quantos se dizem portadores da caridade para o mundo e relegam o lar ao desespero e ao abandono?!...

Não convertas o companheirismo inexperiente em ornamento inútil, na galeria da vaidade, nem lhe armes um cárcere no egoísmo, arrebatando-o à realidade, dentro da qual deve marchar em companhia de todos.

Dá-lhe, sempre que possível, a bênção dos recursos acadêmicos; contudo, antes disso, abre--lhe os tesouros da alma, para que não se iluda com as fantasias da inteligência quando procura agir sem Deus.

Ensina-lhe a lição do trabalho, preparando--o simultaneamente na arte de ser útil, a fim de que não se transforme em alimária inconsciente.

Os pais são os ourives da beleza interior.

O buril do exemplo e a lâmpada sublime da bondade são os divinos instrumentos de tua obra.

Não imponhas à formação juvenil os ídolos do dinheiro e da força.

A bolsa farta de moedas, na alma vazia de educação, é roteiro seguro para a morte dos valores espirituais. O poder, sem amor, gera fantoches que a verdade destrói no momento preciso.

Garante a infância e a juventude para a vida honrada e pacífica.

Que seria do celeiro se o lavrador não preservasse a semente?

Quem despreza o grelo frágil é indigno do fruto.

Faze de teu filho o melhor amigo se desejas um continuador para os teus ideais.

Que será de ti se depois de tua passagem pela carne não houver um cântico singelo de agradecimento endereçado ao teu Espírito, por parte daqueles que deves amar? Que recolherás na seara da vida, se não plantares o carinho e o respeito, a harmonia e a solidariedade, nem mesmo no pequenino canteiro doméstico?

Não reproves a esmo. A tua segurança de

hoje lança raízes na tolerância de teu pai e na doçura das mãos enrugadas e ternas de tua mãe.

Esquece a cartilha escura da violência. Que seria de ti sem a paciência de algum velho amigo ou de algum mestre esquecido que te ensinaram a caminhar?

O destino é um campo restituindo invariavelmente o que recebe.

Ama teu filho e faze dele o teu confidente e companheiro. E, quanto puderes, com o teu entendimento e com o teu coração, auxilia-o, cada dia, para que te não falte a visão consoladora da noite estrelada na hora do teu repouso e para que te glorifiques, em plena luz, no instante bendito do sublime despertar.

Protestos verbais

"Lembra o Cristo, dá o testemunho e segue firme..."

"Mas ele disse com mais veemência: ainda que me seja necessário morrer contigo, de modo nenhum te negarei. E da mesma maneira diziam todos também." (Marcos, 14:31)

É indispensável que o aprendiz sincero do Evangelho esteja sempre de mãos dadas à vigilância, no capítulo dos protestos verbais de solidariedade.

As promessas mirabolantes ficam muito bem às comédias da leviandade, mas nunca nos que compreendem sinceramente o que seja esforço, trabalho, realização.

O próprio Cristo não escapou a provas supremas dessa natureza.

Ainda nas vésperas do sacrifício culminante, vemos os discípulos protestarem fidelidade e devotamento. Pedro e os companheiros declaravam-se unidos a Ele até o fim, hipotecavam-lhe amor e dedicação.

Jesus, porém, contava com o Pai e consigo mesmo nos testemunhos decisivos. E, apesar dos bens divinos que disseminara entre os aflitos e sofredores, não obstante o devotamento a quantos lhe buscavam o socorro sublime, o Mestre viu-se absolutamente só, desde a prisão à própria Cruz.

Recebera muitos votos de admiração, palavras de reconhecimento, declarações de solidariedade, protestos de amor; entretanto, o exemplo final revela muitos ensinamentos aos aprendizes vigilantes.

O problema da participação nas experiências de alguém nunca se resumirá numa questão de palavras.

No cenáculo do Senhor, notamos semelhante lição; Judas não pôde partilhar a vitória do Mestre em Jerusalém, como os demais companheiros não conseguiram partilhar a suposta derrota do Calvário.

Lembra o Cristo, dá o testemunho e segue firme, rumo à realização divina.

Nas ilusões terrestres, não é possível fugir às dificuldades desse teor. No triunfo, lutarás contra a inveja e o despeito de outrem; no sofrimento, suportarás, muitas vezes, a traição, o esquecimento e o fel dos ingratos. Não desesperes, porém. É preciso esquecer os fantasmas e permanecer servindo ao Senhor.

Ciência e religião

> *Estendamos nossos braços
> para a vida e
> auxiliemos sempre.*

Toda controvérsia caprichosa
é desarmonia.

Todo conflito pessoal é perda de tempo.

Toda guerra exige a recapitulação.

A ciência no mundo é um conjunto de afirmações provisórias do cérebro, a caminho da sabedoria.

A religião na Terra é um acervo de revelações parciais do Céu para o coração, a caminho do amor.

Ciência e religião representam meios.

O bem geral é o fim.

Não nos vale o dilúvio das palavras, mas um simples gesto de entendimento e de auxílio nos transforma para a elevação substancial.

É justo o exame.

É aconselhável a indagação.

É sublime o ato de crer.

É divino o fervor da fé.

Mas se buscamos o Amor e a Sabedoria, aprendamos a aproveitar as lutas, as aflições, as dificuldades e as sombras da Terra por materiais didáticos de sublimação.

Um homem perdido na praia pode teorizar, brilhantemente, sobre o grão de areia, exalçando a própria inteligência, mas aquele que consegue galgar uns poucos degraus do monte pode enxergar a paisagem e orientar os passos vacilantes de seu irmão.

Estendamos nossos braços para a vida e auxiliemos sempre.

O coração nas mãos para iluminar a mente, através do serviço, deve ser a nossa fórmula ideal de ascensão para os cimos da vida.

Não nos esqueçamos de que o Sábio dos sábios, e o Anjo dos anjos, sem analisar o mundo e sem julgá-lo, amou e auxiliou, sofreu e sacrificou-se até à cruz, convertendo-se, então, em Luz Eterna a clarear-nos a senda para o Infinito.

Oração ante a ciência

> *Auxilia-nos, por misericórdia, a suprimir de nossa própria natureza as taras da guerra que carregamos...*

Senhor Jesus!

Enquanto descortinas para o homem, através do próprio homem, novos panoramas do Infinito, a fim de que nos conheçamos, na Terra, em toda a extensão de nossa pequenez quando avaliados pela grandeza do Universo – auxilia-nos a derrubar as fronteiras de prepotência e de ódio que ainda nos separam no caminho da vida.

Deixa-nos perceber que a paz é impossível sem a certeza de que somos efetivamente irmãos uns dos outros, com a obrigação de amparar-nos mutuamente.

Faze-nos saber que os mais fortes são o

apoio dos mais fracos, que os mais cultos são chamados a instruir os menos cultos, que não existe bem onde falha a disposição de sanar o mal, tanto quanto não se concebe luz que se recuse a dissipar as trevas!...

Auxilia-nos, por misericórdia, a suprimir de nossa própria natureza as taras da guerra que carregamos, no transcurso dos evos, para que o progresso nos abençoe, sem tributos de lama e sangue.

Não permitas venhamos a te malversar as concessões, transformando-te a cobertura de amor em motivos para hegemonias de opressão.

E, à medida que a Terra, com o facho da inteligência, se encaminha para conhecer outros astros, reúne-nos, como sempre, em Tua Bondade e ensina-nos, de novo – ó Eterno Benfeitor e Excelso Amigo! – que debalde nos alçaremos à glória do gênio se não te recebermos no coração.

Orai pelos que vos perseguem

> *... é preciso acender a flama da caridade ...*

Compadecei-vos de quantos se consagram a instilar a peçonha da crueldade nos corações alheios, porque toda perseguição nasce da alma desventurada que a invigilância entenebreceu.

Monstro invisível, senhoreando ideias e sentimentos, é qual fera à solta, transpirando veneno, a partir das próprias vítimas que transforma em carrascos.

Quase sempre, surge naqueles que vascolejam o lixo da maledicência, buscando o lodo da calúnia para as telas do crime, quando não se levanta do charco ignominioso da inveja para depredar ou ferir.

De qualquer modo, gera alienação e infortúnio naqueles que lhe albergam as sugestões, escurecendo-lhes o raciocínio, para arrebatá-los com segurança ao cárcere da agonia moral no inferno do desespero.

Ventania de lama, espalha correntes miasmáticas com o seu hálito de morte, agregando elementos de corrosão em todos os que lhe ofertam guarida.

É por isso que, ante os nossos perseguidores, é preciso acender a flama da caridade, a fim de que se nos não desvairem os pensamentos, espancados de chofre.

Olhos e ouvidos empenhados à sombra dessa espécie são rendição ao desânimo e à delinquência, à deserção e à enfermidade.

Eis por que, Jesus, em Seu Amor e Sabedoria, não nos inclinou a lutar contra semelhante fantasma, induzindo-nos à bênção da compaixão, qual se fôssemos defrontados pela peste contagiante.

Perseguidos no mundo, mantenhamo-nos constantes no trabalho do bem a realizar, e, ao invés do gládio da reação ou do choro inútil da queixa, aprendamos, cada dia, entre o perdão e o silêncio, a orar e esperar.

Más rogativas

"
Quantas criaturas se entregam, por aí, ao ato de rogar irrefletidamente!

"

"Pedis e não recebeis, porque pedis mal, para o gastardes em vossos deleites." (Thiago, 4:3)

Em todas as instituições de vida útil e séria, sobre o mundo, o fornecimento de recursos envolve delegação justa de responsabilidade. A administração concede possibilidades com o direito natural de exigir a relação das despesas havidas, analisando sua natureza e finalidade, em favor do bem geral.

Se entre os homens falíveis palpitam semelhantes preocupações, que não dizer do sistema perfeito de justiça na Vida Superior?

Quantas criaturas se entregam, por aí, ao ato de rogar irrefletidamente! Imploram-se facilidades econômicas, posições de evidência, expressões de poder e autoridade.

Aqui, suplica-se a cessação das lutas purificadoras, acolá, solicita-se providências descabidas, que deslocariam, por completo, o equilíbrio do bem comum.

Segundo a observação de Thiago, muitos pedem e não recebem, porque pedem mal, apenas com o fito de utilizar as concessões para fins egoísticos da personalidade.

Tais pedintes, por vezes, abandonam as orações, acusam o Céu, desdenham, puerilmente, o próprio Deus, em razão de não se lhes atender ao propósito criminoso.

No entanto, o que acreditam ser olvido Celestial representa misericórdia do Altíssimo. Mandando que semelhantes súplicas sejam anuladas, os Mensageiros Divinos praticam a caridade na sua justa significação.

Impedem que os pedintes vagabundos sejam criminosos, auxiliando-os a preservar a paz de seu próprio futuro.

Legítima defesa

"Não cairemos no fogo da calúnia, desde que vivamos em guarda contra a leviandade e a maledicência."

O recurso à legítima defesa é, naturalmente, um direito comum a todas as criaturas.

Nem há que duvidar de semelhante prerrogativa.

No entanto, importa considerar que esse direito não consiste em subtrair a existência do próximo, invadindo atribuições que pertencem a Deus.

Dispomos do privilégio da defensiva, aplicando a nós mesmos os artigos da Lei Divina, obedecendo-lhe as determinações que nos garantem respeitabilidade e equilíbrio.

Defender-nos-emos contra a incursão em

novos débitos, abstendo-nos de alongar a despesa de cada dia, além da receita que nos compete.

Estaremos agindo contra as hostilidades alheias, ofertando aos outros simpatia e cooperação.

Não cairemos no fogo da calúnia, desde que vivamos em guarda contra a leviandade e a maledicência.

Elevar-nos-emos, além da vasa do crime, submetendo-nos ao culto incessante do bem, segundo os nossos deveres, e fugindo ao império da tentação.

Respiraremos libertos da irritação e da cólera se dermos ao companheiro de caminho o respeito e a compreensão que desejamos dele próprio, em nosso favor.

Distanciar-nos-emos das extravagâncias da vaidade e do orgulho, sustentando, em nós mesmos, a humildade que a vida nos aconselha.

Cristo é o nosso Divino Médico, ensinando-nos a observar os mais avançados princípios de imunologia da alma, na preservação dos valores eternos do Espírito.

Perdoemo-nos uns aos outros, setenta vezes sete, em todas as nossas falhas na jornada evolutiva; amparemos o vizinho, tanto quanto lhe reclamamos o entendimento e o auxílio e, amando-nos reciprocamente no padrão do Senhor que nos protegeu até o sacrifício supremo, estaremos praticando a defesa legítima, único baluarte de nossa segurança e de nossa paz.

Inconveniências

"

A obra do bem exige se mostre tudo aquilo que devemos fazer, mas, igualmente, expõe tudo aquilo que não se deve fazer.

"

Decerto que Jesus não recla-
mou prodígios dos seguidores.

Todos os ensinos do Mestre jazem resumidos no mandamento profundo: "amai-vos uns aos outros como eu vos amei".

Também a Doutrina Espírita, revivendo as lições do Senhor, não pede aos seus profitentes senão simplicidade e lealdade, serviço e amor na edificação do Reino de Deus.

Compreensível, no entanto, enumerar algumas inconveniências que o espírita é exortado a evitar, para contribuir com eficiência na Causa do Senhor:

isolar-se do mundo, sob a desculpa de não

se contaminar com os vícios do mundo, quando se sabe claramente chamado em socorro dos homens, com a possibilidade e a obrigação de viver corretamente entre eles;

manejar os créditos morais de que desfrute, para auferir vantagens terrestres;

disputar honrarias;

não cooperar e criticar quem trabalha;

descurar-se do domínio de si mesmo;

jamais entender-se com aqueles que não lhe esposam as suas opiniões;

condenar os outros porque não lhe seguem os seus princípios, ao invés de ajudar-lhes os entendimento com bondade e discrição;

acreditar-se indene de erros;

trancar-se em si próprio, desconhecendo deliberadamente as provações dos semelhantes;

afligir-se mais pelas próprias vantagens que pelos encargos de elevação e beneficência que as circunstâncias lhe atribuem;

criar problemas e estimular a discórdia;

lastimar-se por falatórios e irritar-se por bagatelas;

desprezar os companheiros, ignorando-lhes os esforços;

jamais reconsiderar atitudes, exclusivamente por questão de prestígio individual, sem respeitar os interesses de equipe.

A obra do bem exige se mostre tudo aquilo que devemos fazer, mas, igualmente, expõe tudo aquilo que não se deve fazer.

Jovens e adultos

"

... ninguém consegue caminho seguro em semelhante iniciação, sem apoio naqueles que amadureceram na escola da experiência.

"

No momento atual do mundo, quando se repetem por todos os recantos os impositivos da revisão do tratamento em favor da juventude, é razoável se aplique o mesmo critério para a madureza.

Nem conceituação de irresponsabilidade para os jovens.

Nem alegação de inutilidade para os adultos.

Em se corporificando na Terra, o Espírito inicia uma viagem que vale por estágio educativo; e, num estágio educativo, todas as fases são importantes.

Ninguém conquista certificado de competência numa faculdade de ensino superior, sem haver passado nas letras primárias, e ninguém consegue caminho seguro em semelhante iniciação, sem apoio naqueles que amadureceram na escola da experiência.

Os jovens pedem a liberdade de crer em sua própria capacidade de realização.

Os adultos devem acreditar em sua capacidade própria de valorizar e aperfeiçoar as realizações da vida.

Na esfera do acatamento recíproco, os jovens podem criar campanhas de ação construtiva e os adultos precisam estabelecer campanhas contra a inação destrutiva, na qual muitos deles se põem a esperar improdutivamente a morte do corpo físico, qual se houvessem perdido a possibilidade e a obrigação de trabalhar.

Os jovens podem improvisar a formação de novos padrões para a existência, e os adultos são naturalmente chamados a selecioná-los para que se conservem os que se mostrem bons, – tudo isso nas bases do respeito mútuo.

Não vemos qualquer conflito mais grave agora que noutras épocas, entre os mais moços e os menos moços.

O que existe é o anseio da juventude no sentido de se edificar segundo a sua própria vocação, tanto quanto anotamos na madureza a necessidade de aproveitar, com mais segurança e com espírito mais amplo de reconhecimento a Deus, os benefícios que a Providência Divina lhe propicia, através da ciência humana, a fim de proteger o veículo físico e salvaguardar a alegria de viver, com vistas à permanência, tanto quanto possível, mais longa e mais útil nos quadros de serviço terrestre.

Concluindo, reconhecemos que tão livre e robusta é a mocidade para zelar, disciplinadamente, pelos seus próprios interesses, quanto robusta e livre é a madureza para defender a sua própria felicidade, pela aceitação da lei do trabalho que nos cabe a todos, em qualquer lugar, tempo, circunstância e condição, desde que se mostre agindo ponderadamente.

E, com relação a jovens e adultos que se transviam, desertando dos compromissos que assumem ou caindo no desrespeito à própria consciência, isso é outro problema, que não interfere com os nossos estudos, em torno da evolução.

No ano de 1963, Francisco Cândido Xavier ofereceu, a um grupo de voluntários, o entusiasmo e a tarefa de fundarem um Anuário Espírita. Nascia, então, o Instituto de Difusão Espírita - IDE, cujo nome e sigla foram também sugeridos por ele.

A partir daí, muitos títulos foram sendo editados, e o Instituto de Difusão Espírita, entidade assistencial sem fins lucrativos, mantém-se fiel à sua finalidade de divulgar a Doutrina Espírita através da IDE Editora, tendo como foco principal as Obras Básicas da Codificação, sempre a preços populares, além dos seus mais de 300 títulos em português e espanhol, muitos psicografados por Chico Xavier.

O Instituto de Difusão Espírita conta também com outras frentes de trabalho, voltadas à assistência e promoção social, como albergue noturno, acolhimento de migrantes, itinerantes, pessoas em situação de rua, assistência à saúde e auxílio com cestas básicas, para as famílias em situação de vulnerabilidade social, além dos trabalhos de evangelização infantil, mocidade espírita, artes (teatro, música, dança, artes plásticas e literatura), cursos doutrinários e passes.

Este e outros livros da **IDE Editora** subsidiam a manutenção do baixíssimo preço das **Obras Básicas, de Allan Kardec**, mais notadamente, **"O Evangelho Segundo o Espiritismo"**, edição econômica.

Fundamentos do Espiritismo

1º Existência de Deus.

2º Demonstração da sobrevivência e da imortalidade do Espírito.

3º O princípio da reencarnação, quer dizer, um determinado número de existências, através de vários nascimentos, como uma ferramenta de trabalho, porém, sempre o mesmo Espírito, como único meio de alcançar a evolução e o aperfeiçoamento.

4º Que cada um de nós é o autor de seu próprio destino.

5º Que todos somos irmãos, em espírito e origem, porém em diferentes graus de evolução e conhecimento, de acordo com o progresso espiritual de cada um.

6º Admite a existência de outros mundos habitados, inumeráveis em quantidade e graus de progresso, e que serão, também, nossa morada um dia, quando tivermos avançado no caminho do progresso moral.

7º Promove a caridade, a fraternidade e a solidariedade, como os meios seguros de alcançar a felicidade real, seguindo um dos ensinamentos de Jesus que diz que "somente pelo amor o homem se salvará".

8º Que o verdadeiro espírita é simplesmente e principalmente conhecido por sua transformação moral.

9º O Espiritismo é Filosofia, Ciência e Religião, pois, além de ser uma filosofia disciplinada, racional, e de experiência científica, possui a garantia moral do Evangelho de Jesus, a caminho do verdadeiro objetivo da vida.

Lógica e plena de critérios em seus princípios é a doutrina que responde à necessidade da mente moderna, pois através de seus ensinamentos, facilmente compreensíveis, atende plenamente a todos, sem imposições dogmáticas, mas, sim, com ideias raciocinadas, claras e esclarecedoras.

Para conhecer mais sobre a Doutrina Espírita, leia as Obras Básicas, de Allan Kardec: O Livro dos Espíritos, O Evangelho Segundo o Espiritismo, O Livro dos Médiuns, O Céu e o Inferno e A Gênese.

Conheça mais sobre a Doutrina Espírita através das obras de **Allan Kardec**

www.ideeditora.com.br

Mensagens e meditações de
EMMANUEL

Através do médium
CHICO
XAVIER

Outras obras de
CHICO XAVIER - EMMANUEL

ATENÇÃO
CHICO XAVIER - EMMANUEL

DINHEIRO
CHICO XAVIER - EMMANUEL

...este livro, claramente simples, é constituído por páginas de fraternidade e entendimento, considerando-se que, muitas vezes, as ações impensadas nascem de fadiga e precipitação e quase nunca de maldade manifesta. Por esse motivo, rogamos "Atenção".

Para quantos procurem compreender o assunto em foco, trocando a moeda pelo pão destinado a socorrer as vítimas da penúria ou permutando-a pelo frasco de remédio para aliviar o enfermo estirado nos catres de ninguém, reconhecerão todos eles que o dinheiro também é de Deus.

ISBN: 978-85-7341-486-8 | Mensagens
Páginas: 128 | Formato: 14 x 21 cm

ISBN: 978-85-7341-447-6 | Mensagens
Páginas: 96 | Formato: 14 x 21 cm

Pratique o *"Evangelho no Lar"*

ideeditora.com.br

✳

Acesse e cadastre-se para receber
informações sobre nossos lançamentos.

 INSTITUTO DE DIFUSÃO ESPÍRITA |  IDEEDITORA.COM.BR IDEEDITORA @IDEEDITORA |

IDE Editora é apenas um nome fantasia utilizado pelo INSTITUTO DE DIFUSÃO ESPÍRITA, entidade sem fins lucrativos, que promove extenso programa de assistência social, e que detém os direitos autorais desta obra.